LA ORACION CAMBIA LAS COSAS

Franklin Díaz

La Oración cambia las cosas

Visite la página de internet www.franklindiazministries.com
o la de Facebook Franklin Díaz Ministries

Casa Editorial: Amazon Enterprise Inc.

Publicado por Create Spac Diseño, impreso en los
Estados Unidos de Américay el mundo entero.

Library of Congress Cataloging-in-Publication data:
(pending)

Portada: Marielos Zavala

Diseño Interior: WF Desing

Corrección de lectura: Xenia Miranda

Editor: Evangelista Franklin Díaz.

ISBN: 9781076418630

Antes de comenzar a leer este libro, por favor agarre algunos MARCADORES y marque aquello que sea de bendición para usted.

¿Le pido un favor? si ha sido bendecido recomiende este libro con un familiar o un amigo.

DEDICATORIA

DEDICO ESTE LIBRO A QUIEN OCUPA EL PRIMER LUGAR EN MI VIDA, EN NUESTRO HOGAR Y EN NUESTRA FAMILIA, A JESÚS REY DE REYES Y SEÑOR DE SEÑORES; Y LUEGO A MI QUERIDA ESPOSA

KAREN DÍAZ

QUIEN HA ESTADO FIELMENTE A MI LADO EN EL MATRIMONIO, Y EL MINISTERIO.

LA PRINCESA DE LA CASA KARELYN DÍAZ Y AL PROFETA ISMAEL DÍAZ, Y NO PUEDO OLVIDAR A MIS PADRE MARCIAL AUGUSTO DIAZ PEÑA Y MI QUERIDA MADRE ANA VIRTUDES CABRAL HERNANDEZ TAMBIEN A MIS MENTORES Y PASTORES MIGUEL Y ELSA SÁNCHEZ.

A MI HERMOSA IGLESIA; CENTRO FAMILIAR CASA DE DIOS PARA LAS NACIONES, TAMBIÉN A TODOS LOS QUE ME HAN APOYADO DE UNA U OTRA MANERA EN LA VISIÓN.

Y A TODOS LOS MINISTERIOS APOSTÓLICOS, PASTORAL, PROFÉTICO, EVANGELISTICO, MAESTROS Y LA IGLESIA EN GENERAL Y A TODOS LOS QUE SE LEVANTAN DE MADRUGADA A CLAMAR EN ORACIÓN.

CONTENIDO

PROLOGO

Es un gran placer para mí, escribir el prólogo para el libro del Evangelista Franklin Díaz. **LA ORACION CAMBIA LAS COSAS**

Somos amigos desde hace casi 15 años y durante ese tiempo lo he visto crecer hasta volverse un "fuera de serie".

Su entusiasmo, pasión y alegría al transmitir su experiencia personal a miles de personas lo han convertido en uno de los más eficaces oradores de esta generacion.

Me gusta trabajar con persona que inspira a dar cada vez más y siempre aprendo de su modo dinámico de enseñar.

Franklin está siempre allí para sus familia, amigos y su staff

Ha estudiado en vario institutos y universidades, buscando aprender cada dia mas. Para asi dar lo mejor de el.

Lo que tenemos en común es la absoluta alegría que sentimos al ver a las personas transformarse y volverse conscientes de su potencial para ser apasionado por Dios y la oración

En cada campaña, congreso o evento veo cientos de personas sentirse bendecida con una palabra que lo moctiva y los lleva a la a buscar a Dios en oracion gracias a las técnicas que él enseña y a la energía que muestra frente al público.

Me gozo con este libro porque aquí está toda su experiencia y conocimiento. Es un libro guía lleno de ideas para apropiarse de ellas y para estudiar a fondo.

Franklin no sólo hizo un "buen" trabajo, sino un trabajo "grandioso". El libro está construido de un modo práctico y representa en sí mismo un auténtico taller de la oracion.

Todos pueden obtener beneficios leyendo y aplicando los principios explicados. El material es fantástico, no sólo para quien ya es "un orador", sino también para quien no está totalmente consciente de que la oracion es el mejor camino.

El libro es útil para apóstoles, pastores, profetas, evangelistas, maestros y líderes en general para tdos el que quiera entender que

La oracion cambia las cosas

Y para todos aquellos que deseen mejorar su calidad de oracion leyéndolo, he admirado la capacidad de Franklin para convertir los pensamientos en palabras. Después de haber escrito cuatros libros, sé cuánta habilidad es necesaria para hacer esto y sé reconocerla en los demás. Si su tecer libro **pasion por el liderago** fue tan bueno, este deberá ser todavía mejores.

PASTOR MIGUEL SANCHEZ

PREFACIO

Como cristianos debe ser una prioridad cultivar nuestra relación con Dios, y una de las mejores maneras para crecer en nuestro andar con Jesús es la oración. Ahora bien, ¿qué es orar?, ¿cómo oramos?. A través de la Biblia vemos claramente que orar es hablar con Dios. Cuando oramos abrimos nuestro corazón a Dios para contarle cómo nos sentimos. En Mateo 6:5-8, Jesús habla sobre la oración y dice:

Cuando oren, no sean como los hipócritas, porque a ellos les encanta orar de pie en las sinagogas y en las esquinas de las plazas para que la gente los vea. Les aseguro que ya han obtenido toda su recompensa. Pero tú, cuando te pongas a orar, entra en tu cuarto, cierra la puerta y ora a tu Padre, que está en lo secreto. Así tu Padre, que ve lo que haces en secreto, te recompensará. Y al orar, no hablen sólo por hablar como hacen los gentiles, porque ellos se imaginan que serán escuchados por sus muchas palabras. No sean como ellos, porque su Padre sabe lo que ustedes necesitan antes de que se lo pidan.

Aquí vemos que la oración es entre nosotros y Dios, no para impresionar a los demás. Nuestro corazón no tiene la actitud correcta si lo que buscamos es que los demás nos vean y admiren nuestras palabras. Al orar, nuestro deseo más grande debe ser pasar tiempo con Dios y hablarle desde lo más profundo de nuestro corazón.

Es cierto que nuestro Padre sabe de antemano lo que necesitamos, pero como a todo buen padre, a Él le encanta escuchar la voz de sus hijos. Vemos así que el énfasis de la oración debe ser fortalecer nuestra relación con Dios, acercarnos a Él, pasar tiempo en su presencia y compartir con Él lo que ocupa nuestro corazón. Oramos porque nuestra relación con Dios es importante y vital.

¿Cómo oramos?

Puede que entendamos la importancia de la oración, pero muchas veces no tenemos claro cómo debemos orar. La Biblia nos da ejemplos y ayuda. En el mismo capítulo del Evangelio de Mateo mencionado anteriormente (Mateo 6) encontramos

"El Padre Nuestro", conocido como la oración modelo de Jesús.

También su Palabra dice que: "Los ojos de Jehová

están sobre los justos, y sus oídos están hacia su ruego; pero el rostro de Jehová está contra los que hacen cosas malas" (1 Pedro 3:12). Estas palabras demuestran que Dios sí escucha las oraciones, pero sobre todo las de las personas que obedecen sus mandamientos. Vez tras vez, la Biblia nos asegura que Dios está dispuesto a escucharnos, como leemos en (1 Juan 5:14). "Esta es la confianza que tenemos [...], que, no importa qué sea lo que pidamos conforme a su voluntad, Él nos oye". Así es, la persona que se acerca a Dios debe asegurarse de que las cosas que le pide sean de su agrado

INTRODUCCIÓN

Quiero introducir este maravilloso libro Respondiendo a una pregunta **¿La oración cambia las cosas?**

Recientemente me preguntaron si la oración cambia las cosas, rápidamente dije "sí, pero teniendo claro que la oración no cambia la voluntad de Dios". No confundamos esto, tu oración puede cambiar las cosas, ella es capaz de cambiar el panorama de tu vida, tu corazón, tu matrimonio, tus hijos, la familia, etc.

Pero no cambia la voluntad de Dios. Nada se escapa de la mirada de Dios, Él tiene autoridad y control absoluto de todas las cosas.

Habrá momento que orarás y los milagros ocurrirán y será la voluntad de Dios, pero también hay ocasiones que oras y los milagros no suceden y también es la voluntad de Dios.

Independientemente si tu oración causa un efecto o no, Dios ordena que debemos orar. La oración no es algo opcional para la vida del cristiano, al contario la oración debe ser el pan diario para todos, creyendo que ha aceptado a Cristo en su corazón sin importar el tiempo que tenga en el Evangelio.

La verdad quizás usted pueda conocer gente que no ora, pero yo en lo personal no he conocido a un verdadero cristiano que no ore. Siempre se notará una diferencia del que ora y el que no.

Quiero decir con esto:
Que todo el que se considera un verdadero cristiano debe siempre acudir a una vida diaria a la oración.

Jesús, en el Sermón del Monte habla sobre la oración. Los gentiles oraban con palabras lindas porque su pensamiento era que, al orar con intelecto les daba la oportunidad de cambiar la voluntad a su dios, era como un proceso de negociación.

Frente al lente de Jesús, al Señor no le interesa lo extenso, lo hermoso o lo intelectual de la oración, le interesa la intención del corazón.
También podemos ver a un maestro enseñando a orar a su discípulo porque la oración es necesaria en la vida de todo seguidor de Jesús. Vemos a Jesús orando; antes del comienzo en el desierto, en su ministerio y en la culminación de su ministerio en la tierra.

Dios nos ordena a orar, por eso el Señor aclara la oración, en Santiago 4:2 dice que no tenemos porque no pedimos. También dice, que la oración del justo es efectiva (Santiago 5:16). La oración es un instrumento que funciona y útil.

Yo como evangelista del Señor afirmo que la oración es para glorificar la obra de Cristo, todo se trata de Él. La oración no es una vía solamente de pedir, sino también para glorificar, o sea, que se ora para glorificar a Dios, pero también para recibir los beneficios de la oración, y la respuesta a nuestras peticiones.

La oración es uno de los medios que Dios usa para llevar a cabo sus planes en el mundo, así que, tiene efecto. Jesús estando en el Getsemaní deseaba una nueva opción "pasa de mí esta copa", copa en el sentido bíblico habla de ira.

Él no quería estar bajo la ira de Dios que se aproximaba a ser derramada en la cruz, pero su petición fue denegada, fue sometido a la voluntad del Padre, "pero que se cumpla tu voluntad".

En más de 20 años como creyente y más de 10 años en el Ministerio he visto miles de personas ser cambiadas por el poder de la oración, pero también he visto en ciento de personas que la oración no ha hecho su efecto, porque no es la voluntad de Dios.

TESTIMONIO DE LA ORACIÓN

Mi hija de 8 años de edad estuvo diagnosticada como paciente asmática desde que tenía un año de edad y vivimos muchas situaciones difíciles con ella porque estuvo hospitalizada varias veces por bronquitis y neumonía, además de las crisis de asma que le daban muy fuertes, decidí empezar a orar por ella y declarar sanidad y hoy puedo decir que mi hija está sana, Dios la sanó, hace algunos meses la remitieron para donde el alergólogo y me dijo que ella estaba muy bien y que no era asmática, que era una niña sana.

Me quedé sin trabajo y mi esposa solo estaba encargada de los gastos de la casa y aún así nunca nos ha faltado nada, el Señor se ha glorificado a través de la oración de una forma impresionante, la provisión llega para cubrir todos los gastos. ¡Oh gloria! hay poder en la oración.

Bendiciones, quiero dar mi testimonio para este libro:

La oración cambia las cosas; son tantos los milagros que Dios hace en mi vida que necesitaría muchas hojas para contarle, no hay día que no vea reflejado su amor, su misericordia, su fidelidad y lo que en estos últimos días viví que no puedo dejar pasar un día más sin que las personas sepan el Dios que tenemos, y el poder que hay en la oración.

Dios es un Dios vivo, ese Dios que lo imposible lo hace posible. Debido a mi situación financiera quería conseguir una empresa que me patrocinara para poder seguir estudiando pero que me pagaran por hacerlo; y al terminar de estudiar hacer mis prácticas; pero todo era sólo deseos, nunca hice nada para conseguir la empresa, un día llegó una compañera y me dijo que la empresa que la patrocinaba a ella estaba buscando a quién patrocinar, que si yo quería, y claro que le dije que sí, al otro día fui a la empresa para hablar con la persona encargada de este proceso y mi sorpresa fue saber que ya tenía el patrocinio; sólo era de decir sí, no pasé por proceso de selección sólo debía llevar los documentos requeridos y ya, ayer recibí mi primer quincena, gracias por sus oraciones.

He recorrido un largo camino en la vida. Me siento privilegiado y agradecido con el buen Dios. Ha sembrado en nosotros el deseo de buscarlo y es lo que he tratado de hacer estos años.

Imagino esta búsqueda de Dios como una montaña que debo escalar. Es muy empinada y muchos caen. Yo con ellos. ¿Has visto en las películas a los escaladores unidos por una gruesa cuerda? Así subimos esa montaña.

A medida que nos acercamos a la cima cada paso cuesta más. Sientes deseos de rendirte y regresar, pero algo en tu interior te grita: "Vamos. Nunca te rindas. Dios te dará las fuerzas que necesitas".

Un día, estando en este afán, me senté a reflexionar y me di cuenta de algo fundamental: sin la oración estamos perdidos. La oración sacia la sed interminable que tiene el alma por Dios.

La oración te da serenidad. Es como la suave brisa del verano que te refresca en medio del calor agobiante. De pronto llega, te envuelve y te llena de alegrías y esperanzas.

Comprendí porqué mi debilidad espiritual, porqué pecaba con tanta facilidad.

No era un hombre de oración. La oración no formaba parte de mi agitada vida.

Me dije: "¿Cómo vivir en paz si Dios no habita en mi corazón?". Decidí cambiar esa situación y acercarme más a Dios, buscarlo para conocerlo; y conocerlo para amarlo. Y lo hice a través de su Palabra y de la oración. Hay un deseo profundo en nuestras almas, que sólo Dios puede calmar.

Empecé a buscarlo sin tener respuestas, hasta que comprendí algo que una vez experimenté: "Orar es estar en la presencia de Dios".
Desde entonces, algunas cosas han cambiado en mi vida. Disfruto mucho orar, sentir que estoy en la presencia amorosa de Dios, que Él me escucha y es mi Padre. Y se preocupa por mí.

Cuando empiezas a orar, crece en ti como un deseo interior de estar a solas con Dios. Y comprendes por qué Jesús dijo:

(Mateo 6:6) Mas tú, cuando ores, entra en tu aposento, y cerrada la puerta, ora a tu Padre que está en secreto; y tu Padre que ve en lo secreto te recompensará en público.

Atte: Anónimos

La Oración cambia las cosas

PRIVILEGIO DE LA ORACIÓN

*L*a oración tiene un propósito

Recientemente, estaba sentado en una clase de Fortalecimiento para el Matrimonio, cuando la maestra recalcó la importancia de la buena comunicación para una relación saludable. Cuando entendemos que nosotros somos hijos de Dios y que Él es nuestro Padre amoroso, entonces, al igual que cualquier otra relación familiar, la oración absolutamente tiene un propósito.

Este es un medio de conexión para nosotros, para compartir nuestros altos y bajos con nuestro Padre. Es como hablamos con Él; es como nos enlazamos en una buena comunicación.

Él quiere escuchar acerca de nuestra vida según nuestras perspectivas. Él quiere articular nuestras alegrías, nuestras penas, nuestras preguntas; nuestras preocupaciones, cosas que solamente nosotros podemos expresar. Él quiere que conversemos con Él para que pueda conocer dónde están nuestros corazones y entonces nosotros podamos llegar a conocer el suyo.

Me encanta esta declaración del diccionario bíblico:

"La oración es el acto mediante el cual la voluntad del Padre y la voluntad del Hijo entran en correspondencia la una con la otra. La finalidad de la oración no es cambiar la voluntad de Dios, sino obtener para nosotros y para otras personas las bendiciones que Dios ya esté dispuesto a otorgarnos, pero que debemos solicitar a fin de recibirlas".

Sí, la oración es el conducto por el cual Dios puede escuchar nuestros deseos y garantizarnos las bendiciones prometidas. Pero me encanta esa descripción de que la oración es también como la unión de nuestra voluntad con la voluntad del Padre. La oración es la manera en que nosotros podemos llegar a entender nuestro propósito en esta vida y del plan de Dios para nosotros. A través de la oración, las respuestas que recibimos y nuestra disposición para actuar cambian. Nuestros deseos cambian. Y día a día nos convertimos un poco más como el amoroso Padre que llegamos a conocer y amar por medio de oraciones coherentes y significativas.

La oración es un privilegio.
"La oración es uno de los dones más preciados que Dios ha dado al hombre", dijo Elder J. Devin Cornish en un discurso titulado "El poder de la oración".

La oración es la manera en la cual podemos sentir el Espíritu Santo, la oración es la manera en que podemos silenciar al mundo y sintonizar al cielo. La oración es la manera en que usamos el poder de actuar en el nombre de Dios aquí en la tierra. La oración es el método por el cual los milagros de Dios suceden en nuestra vida. La oración es definitivamente un don.

Al pensar que Dios no nos tenía que haber dado todo eso, que nos podría haber dejado solos en esta tierra para que entendiéramos las cosas nosotros solos y a nuestra propia manera, pero que no lo hizo, es porque nos ama. Él nos ha bendecido con el don de orar a Él cada vez que queramos, y este es un privilegio que nunca debemos tomar a la ligera.

Como relata la Biblia, Daniel fue arrojado en el foso de los leones porque oraba 3 veces al día ofreciendo sus oraciones a Dios, aún cuando el rey había firmado un decreto prohibiendo eso. Él estaba dispuesto a morir por el privilegio de orar.

Hoy en día, escuchamos historias alrededor del mundo de creyentes que son perseguidos, apresados, y que incluso mueren por sus creencias. Ellos están dispuestos a morir por el privilegio de orar.

En primer lugar, vemos que Jesucristo había asumido un intenso compromiso con sus discípulos. Esto se tradujo en un fuerte deseo de cubrir sus vidas y utilizar todos los recursos a su disposición para producir en ellos el cumplimiento de la voluntad de Dios. Era un hombre que llevaba a su equipo en su corazón, en todo tiempo y lugar.

En segundo lugar, el conocimiento de la inminente prueba por la cual iba a atravesar el discípulo movilizó a Cristo a interceder por él. Muchas veces, las dificultades que vemos a nuestro alrededor nos llevan a comentarlas con otros, a lamentarnos mutuamente de lo duro que es la vida, o lo difícil que es la situación. Sin darnos cuenta, entramos en un estado de desánimo y derrota. Cristo hizo lo mejor que pudo hacer, rogó por la vida de su discípulo.

En tercer lugar, vemos que Cristo no oró para que Pedro fuera librado de la prueba. La cultura occidental, dedicada a la incansable búsqueda de una vida cómoda y sin sobresaltos, ha afectado tanto nuestra perspectiva que muchas de nuestras oraciones no son más que pedidos para que Dios acomode las circunstancias que nos rodean a nuestro gusto. Deseamos evitar las complicaciones y las pruebas que son comunes a la mayoría de los seres humanos. El Mesías, sin embargo, no oró en esta dirección. Pidió que Pedro pudiera salir ileso de la prueba, aferrado a la fe, sin la cual es imposible agradar a Dios.

En cuarto lugar, Cristo se dirigió a Pedro y le recordó el objetivo de su vida: confirmar a sus hermanos. Cuando pasamos por una prueba muy fuerte, tenemos tendencia a detenernos y hundirnos en un sinfín de especulaciones acerca de lo que nos ha tocado vivir. El resultado es que dejamos de avanzar hacia las metas que Dios ha marcado para nuestras vidas. Cristo le recordó a Pedro que del otro lado de la prueba existía un llamado que debía ser cumplido. En esta exhortación encontramos no solamente que el Maestro le daba una perspectiva correcta de las cosas, sino que también le comunicaba un voto de confianza. Creía que iba a salir bien de la prueba, y le animaba a seguir adelante.

La Oración cambia las cosas

EL PODER DE LA ORACIÓN

A diario podemos ver en los medios de comunicación social. Publicaciones como "por favor solicito oración", oren por mi hijo, lleven en oración un familiar.
Oración 911, etc. Vemos este tipo de invitaciones a orar, que explotan en las redes sociales y llegan a millones de personas. ¿Por qué? Porque creemos que hay poder en la oración.

Pero se necesita algo más que palabras para que ese poder se arraigue. Eso requiere trabajo. Requiere fe en acción.

"No debemos pensar que cualquier clase de oración, por sincera que sea, será muy eficaz si todo lo que hacemos es decirla. No sólo debemos decir nuestras oraciones; también debemos vivir de acuerdo con ellas. El Señor está mucho más complacido con la persona que ora y luego va y hace su parte, que con aquella que únicamente ora. Al igual que un medicamento, la oración funciona sólo si se usa como se indica".

Dios, en su amor y su gracia, desea bendecirnos con todo lo que Él tiene. Él quiere que testifiquemos de los milagros en nuestra vida. Él quiere que hagamos las conexiones con el cielo. Y eso sólo viene cuando dejamos de creer que podemos hacer las cosas por nuestra cuenta y cuando dependemos mucho más en lo que Él puede hacer por nosotros cada día.

Volviendo a una experiencia personal con mi hija, después de "nadar" una vez sin sus flotadores, y con el cuidado de su mamá cerca de ella, ahora se siente confiada de que sabe cómo nadar. Me pelea cuando intento ponerle sus flotadores. Ella cree que puede nadar a través de toda la piscina por sí sola. Pero no puede. Yo sé que no puede, no ha tenido suficientes lecciones y práctica. Todavía necesita el sostenimiento que le proveen sus flotadores.

Del mismo modo, la oración proporciona ese sostenimiento celestial en nuestra vida para protegernos de las aguas turbulentas de la vida, y también nos da la confianza y el flotador que necesitamos para navegar por aguas tranquilas. Nunca sabemos cuándo cambiarán los mares. Nunca sabemos cuándo se volverán profundos y tendremos que esforzarnos al máximo y respirar con dificultad, y rogar por ayuda del cielo para evitar hundirnos. Y esto es por lo que debemos comunicarnos con Dios, la oración es como nuestros flotadores. A través de ella Dios nos proporciona el sustento que necesitamos, el poder que no siempre podemos ver, y la paz que viene de saber que Dios tiene un plan para mí y que el crecimiento personal es clave.

La oración es poderosa. He visto muchos milagros en mi vida y no puedo negarlo. Como mi hija, pienso que puedo hacer cosas por mi cuenta, pero no puedo hacer todas las cosas.

Como mi hija, necesitamos elevarnos para estar sobre el agua cuando la locura y el caos de la vida nos quieren golpear.

La oración es tan ponderosa, que el Señor

responde nuestras oraciones a pesar de nuestra falta de fe cuando analizamos el capítulo 12 de Hechos vemos la iglesia orando por la liberación de Pedro de la cárcel y Dios contesta su oración, Pedro llega a la casa, toca la puerta, pero los que estaban orando porque Dios libere a Pedro se niegan a creer que realmente es Pedro que está frente a la puerta, ellos oraban por la libertad pero no esperaban el poder tan rápido de esa oración.

Querido lector tenemos que tener en claro algo y es que el poder de la oración no fluye de nosotros; no en palabras especiales que decimos o la manera especial que las expresamos, ni siquiera la frecuencia con la que la decimos.

El poder de la oración no se basa en la dirección hacia la cual nos inclinamos o en cierta postura de nuestro cuerpo.

El poder de la oración de uso de símbolos o imágenes, el poder de la oración viene del Omnipotente Dios, que escucha y contesta nuestras oraciones, la oración nos pone en contacto con el Dios Todopoderoso.

La Oración cambia las cosas

ORACIÓN DE
PROMESA

4

Cuando oramos, es muy importante que usemos las promesas que Dios nos ha dado ya que en ellas incluye todos los aspectos de nuestra vida.

Las promesas de Dios aumentan nuestra fe y son el motor de la oración.

También, cuando oramos o intercedemos, es importante que recordemos a Dios sus promesas. Por ejemplo, podemos decir a Dios: "Tu Palabra dice clama a Mí y yo te responderé…". Esto muestra que creemos que Dios cumple su Palabra.

Asimismo, debemos presentar nuestro caso o situación delante de Dios. Cuando oremos, llevemos nuestras pruebas y evidencias ante Dios. Él es juez justo y Jesús es nuestro abogado. Sin embargo, nuestras pruebas deben basarse en la obra de Cristo en la cruz y en las promesas de Dios. En su tiempo perfecto, Dios nos hará justicia.

A continuación veremos cinco diferentes promesas o bendiciones que podemos recibir al orar:

1) La oración te da fortaleza para vencer
Como humanos, podemos sentir debilidad de muchas maneras: física, emocional, espiritual y mental. Podemos estar luchando por correr una carrera o pasar un examen, resistir una tentación o sentir el espíritu, pero la oración puede darnos la fortaleza que necesitamos para vencer cualquier cosa que la vida nos presente.

El Señor "nunca da mandamientos a los hijos de los hombres sin prepararles una vía para que cumplan lo que les ha mandado" El Señor puede darnos la fortaleza para lograr todas las cosas buenas que tratemos de hacer si es su voluntad.

Ora por fortaleza para vencer una tentación. Ora por fortaleza para enfocarte y estudiar en forma productiva para un examen. Ora por fortaleza para correr y no cansarte. Ora por fortaleza, y Él hará que seas fuerte.

2) La oración te da el poder para perdonar y ser perdonado
Aunque es agradable pensar lo contrario, no somos perfectos. Cometemos errores, y eso

es sólo parte de la vida, pero el Señor proporciona una manera de solucionarlo: el poder de la expiación de Jesucristo; y un punto de acceso a su poder es la oración.

Cuando pedimos perdón por medio de la oración, podemos ser perdonados de nuestros pecados mediante la expiación de nuestro Señor y Salvador Jesucristo, una oración personal y sincera siempre será uno de los primeros pasos para el perdón, ya sea que pidamos al Padre Celestial que nos perdone o nos ayude a perdonar a otra persona. Él incluso nos ayudará a aprender cómo perdonarnos a nosotros mismos.

3) La oración nos llena de sabiduría y entendimiento

En el libro Santiago 1:5, podemos ver que el apóstol nos indica que si alguno está falto de sabiduría debe pedirla a Dios, quien es el dueño de la sabiduría. ¿Cómo podemos hacerlo? la respuesta se encuentra en la oración, todo aquel que creyendo va al Padre y le pide, Él le dará.

Si alguno de ustedes le falta sabiduría, pídasela a Dios, y Él se la dará, pues Dios da a todos generosamente sin menospreciar a nadie. (Santiago 1:5)

Ahora bien qué significa; sabiduría y entendimiento:
Es considerable añadir el significado del término "sabiduría", con las palabras: "saber cómo". La sabiduría está basada en el conocimiento. La sabiduría y el entendimiento están enlazados, la sabiduría no puede ser sin el entendimiento de cada uno de los hechos conforme a algún plan o propósito. Dios lo sabe todo.

Es importante mencionar que el vocablo "omnisciente", cuando se habla del entendimiento infinito de Dios, quiere decir que Él sabe completamente todo, el estar al tanto de los pensamientos del hombre (La sabiduría es tan sólo sabiduría), la sabiduría es un espíritu que ha estado con Dios desde la creación de todas las cosas, ese espíritu es; el Espíritu Santo.

La sabiduría y el entendimiento nos permiten diferenciar el bien del mal, siendo el Espíritu Santo la misma sabiduría, es un guía que nos conecta al conocimiento de Dios; pero no de solamente el entendimiento de la Palabra de Dios, ya que muchos pueden manejar correctamente Las Escrituras bajo un conocimiento pero a veces es secular y no espiritual y esto conlleva a tener carencia de las verdades de la Palabra de Dios; conocen bastante de la Biblia pero sólo teóricamente, sin un verdadero entendimiento revelado por Dios.

4) La oración te da planos para hacer la voluntad de Dios

Dios quiso relacionar su obra en el mundo con las oraciones de su pueblo. Noé oró y Dios le dio un plano del arca de la liberación. Moisés oró y Dios libró a los israelitas de la esclavitud egipcia. Gedeón oró y las huestes de un enemigo formidable huyeron atemorizados ante sus trescientos valientes hombres de oración. Daniel oró y las bocas de los leones se cerraron. Elías oró y el fuego de Dios consumió el sacrificio y el agua que rodeaba el altar. David oró y derrotó a Goliat en el campo de batalla filisteo.

Los discípulos oraron y fueron llenos del Espíritu Santo, de modo que se agregaron 3,000 personas a la iglesia en un día. Pablo oró y ciento de iglesias nacieron en Asia Menor y Europa. Dios ciertamente contesta las oraciones.

Algunas oraciones son contestadas con un "sí", y algunas con un "no". Pero, ¿qué pasa con las oraciones no contestadas?

Tal vez sus oraciones han estado mezcladas con dudas. Tal vez ha orado en forma egoísta. Tal vez ha pedido a Dios cosas que no son las que más le convienen.

"Oré fervientemente, pero no ocurrió nada", dirán muchos con un dejo de desánimo. "Pedí sanidad y estoy afligido"… "Pedí dinero y estoy quebrado"… "Pedí orientación y estoy en serios problemas"… "Pedí a Dios una persona para formar una familia y no he encontrado ninguna"… "Pedí a Dios un buen hogar y miren la desdicha y confusión que hay en nuestro hogar".

La Biblia dice que hay razones específicas por las que hay oraciones no contestadas.

Podría ocurrir que nuestras oraciones no son contestadas por causa de la desobediencia. Un hijo desobediente no puede esperar "tener el oro y el moro", como decimos. La Biblia dice:

"Pero debes saber que, si no obedeces al Señor tu Dios ni cumples fielmente todos sus mandamientos y preceptos que hoy te

ordeno, vendrán sobre ti y te alcanzarán todas estas maldiciones"

(Deuteronomio 28:15).

Tal vez sus oraciones no han sido contestadas por un pecado secreto. David dijo (y Él debería saberlo): "Si en mi corazón hubiera yo abrigado maldad, el Señor no me habría escuchado" (Salmos 66:18) el pecado produce un cortocircuito en el sistema de comunicación entre la tierra y el cielo, así que su oración con un corazón malvado ni siquiera llegará a Dios.

Otra razón por la que las oraciones no son contestadas es el egoísmo o la terquedad. La Biblia dice:

"Cuando piden, no reciben porque piden con malas intenciones, para satisfacer sus propias pasiones" (Santiago 4:3).

El propósito de la oración es la bendición del hombre y la gloria de Dios. Si una oración es hecha tercamente para nuestro propio beneficio y no para la gloria de Dios, no merece ser contestada. "No sea lo que yo quiero, sino lo que quieres Tú.

5) La oración nos da paz

Una de las bendiciones que se nos promete si oramos es paz y consuelo por medio del Espíritu Santo. Después de todo, se le llama El Consolador. Tengan la seguridad de que la paz llegará incluso en tiempos difíciles. Recuerden la promesa del Señor en (Juan 14:27)

"La paz os dejo, mi paz os doy; yo no os la doy como el mundo la da. No se turbe vuestro corazón ni tenga miedo".

Con el tiempo llegará la paz si la pedimos.

La oración es la manera directa de comunicarse con nuestro amoroso Padre; hazlo y deja que Él te bendiga por ello; pero después de recibir estas bendiciones de la oración sincera, recuerda expresar tu más sincera gratitud, como ya se dieron cuenta, en la oración.

La Oración cambia las cosas

ORAR EN TODO
TIEMPO

5

La oración es un privilegio muy grande y sagrado, además de un deber y una obligación imperativa, muy imperativa, por lo cual debemos cumplirla. Pero la oración es más que un privilegio, más que un deber. La oración es el instrumento, el medio por el cual el hombre se comunica con Dios y a su vez la oración es el canal por el cual fluye todo bien desde Dios hacia el hombre.

"orando en todo tiempo con toda oración y súplica en el Espíritu, y velando en ello con toda perseverancia y súplica por todos los santos".
(Efesios 6:18)

"Velad y orad, para que no entréis en tentación; el espíritu a la verdad está dispuesto, pero la carne es débil".
(Mateo 26:41)

No orar es más que desobedecer un mandamiento o desatender una obligación; al no orar se pierde mucho más que el disfrutar de un elevado y dulce privilegio. No orar es fallar en un nivel mucho más importante que el de no cumplir con una obligación; al no orar se desperdician tantas bendiciones que Dios tiene para darnos sí oráramos. La oración es la condición establecida por Dios para obtener su ayuda; es la condición que Dios ha puesto para moverse en nuestras vidas, familias, proyectos y planes.

El orar no es una opción como muchos piensan, sino un mandamiento y es pecado no orar o ser negligente en la oración (orar sólo de vez en cuando). Probablemente este mandamiento es uno de los más importantes; y tristemente uno de los más descuidados por muchos. Los mandamientos de Dios no se cuestionan o argumentan; Él dijo "velad y orad" y no hay excusa que valga, debemos orar; de lo contrario, las consecuencias vendrán.

Si alguien tiene un amigo y desea mantener esa relación viva, no debe descuidar la comunicación con esta persona, de otra manera la relación se irá enfriando poco a poco, y un día morirá. Lo mismo sucede con nuestra relación con Dios, si no se mantiene abierta la comunicación con Él por medio de la oración, poco a poco nuestro amor por Él ira disminuyendo hasta que no quede nada de esa relación y comunión que hoy tenemos con Él.

He aquí yo estoy a la puerta y llamo; si alguno oye mi voz y abre la puerta, entrare a él, y cenaré con él, y él conmigo.
(Apocalipsis 3:20)

Acercaos al Señor y Él se acercará a vosotros…
(Santiago 4: 8)

Por más buenas intenciones que alguien tenga de servir al Señor y serle fiel, nadie podrá por sí mismo hacerlo. Nuestro cuerpo (carne) no tiene la capacidad; no puede ni quiere. Por medio de la oración recibimos fortaleza de Dios, y el poder para vencer las tentaciones que vendrán a nuestra vida; y lograr serle fiel en medio de un mundo perverso y malo que lucha por corromper a todos sus habitantes.

Desde el día que usted se comenzó a acercar a Dios y se bautizó, usted le declaró la guerra al diablo, él ahora es su enemigo, su peor enemigo. Él lo odia a usted y hará todo lo posible por destruirlo; no descansará hasta que usted caiga en sus diabólicas garras una vez más. La oración mantiene nuestros ojos espirituales abiertos para detectar cualquier trampa o ataque de nuestro antiguo amo. Satanás sabe por dónde llegarnos, conoce nuestras debilidades, él está al tanto de lo que nos gusta o nos atrae; el diablo se vale de este conocimiento para ponernos trampas y tentaciones con el fin de hacernos caer.

Sed sobrios y velad porque vuestro adversario el diablo anda como león rugiente buscando a quién devorar.
(1 Pedro 5: 8)

La oración es el mejor ejercicio para el intelecto humano. El más sabio de los hombres es aquel que ora más y mejor, ya que la oración es una escuela de sabiduría. Nuestra vida está llena de decisiones que tomar; de hecho donde hoy estamos y lo que ahora somos es el resultado de decisiones que tomamos anteriormente. La oración es la fuente de nuestra sabiduría en medio de situaciones difíciles y complejas; es en los momentos de oración que Dios habla a nuestro corazón e impresiona en él su voluntad y dirección respecto a cualquier situación.

El hombre en sí es un ser compuesto de cuerpo, alma y espíritu. El alma (corazón) se mueve utilizando el cuerpo como vehículo; el espíritu le da la vida. El corazón de cada humano se encuentra vacío, y ese vacío le trae infelicidad, tristeza e insatisfacción. Durante el transcurso de su vida el hombre trata de llenar ese vacío buscando ser feliz.

En su afán por llenarlo se envuelve en toda clase de experiencias; lo prueba todo, y según sea su mentalidad, cultura o costumbres, buscará en los placeres, diversiones, emociones, amor, sexo, triunfo, éxito, conocimiento, sabiduría, fama, poder y riquezas, lo probará todo con tal de llenar ese hueco que le produce tanta infelicidad. Ese vacío sólo lo puede llenar la presencia de Dios, y no es sino hasta que Cristo entra en el corazón de la persona, que esta, experimenta verdadera felicidad y satisfacción (vida en abundancia).

La oración trae la presencia de Cristo a nuestras vidas; cuando oramos nuestro ser se impregna de ella y ese vacío es llenado. Si alguien después de ser bautizado experimenta nuevamente esta infelicidad, es probable que sea porque ha descuidado esta disciplina vital de la oración. La vida cristiana sin oración se torna en una vida desabrida e insípida; por increíble que parezca, un cristiano que no ora puede llegar a ser más infeliz y sentirse más vacío que cuando no conocía de Dios.

Está alguno entre vosotros afligido haga oración...
(Santiago. 5:13)

Dios nos ha constituido a todos los que hemos sido bautizados, en sacerdotes. La función del sacerdote es la de interceder por alguien; o sea pedir a Dios por el bienestar de alguien, sea salvación, sanidad, ayuda, fortaleza, liberación, sabiduría, etc. Por medio de la oración usted puede pedir a Dios por sus familiares, hermanos, vecinos, amigos y líderes. Dios responde cuando oramos intercediendo por otros. Por medio de la oración se obtienen favores de Dios que no pueden obtenerse de ninguna otra manera y que no serán concedidos por Dios a menos que oremos.

Orando en todo tiempo con toda oración y súplica en el espíritu.
Y velando en ello con toda perseverancia y súplica por todos los santos.
(Efesios 6: 18)

La experiencia de conocer al Señor es maravillosa; sin embargo cuando después de haber pedido a Dios en oración por algo, y él contesta nuestro gozo es simplemente inmenso, y nuestra fe y percepción de Dios crecen.

Pedid y recibiréis, para que vuestro gozo sea cumplido.

(Juan 16: 2)

EL SECRETO DE LA ORACIÓN

¿Cuál era el secreto de Jesús para la oración?

"Cuando Jesús vivió entre nosotros, hace dos mil años, era plenamente humano, al punto de que fue tentado en todo igual que nosotros, salvo que jamás peco

(Hebreos 4,15).

Pero a pesar de esta verdad, por lo general subestimamos lo mucho que Jesús necesitaba orar. En lo que respecta a la tentación, podemos pensar "Jesús también era Dios verdadero, por lo cual le costaba menos resistir el pecado".

Y suponemos que para el Señor le fue fácil seguir la guía de su Padre sin siquiera preguntarle cuál era su voluntad y pensamos que, *como era Dios verdadero*, en realidad no le costaba obedecer.

Pero este tipo de razonamiento implica creer

que, en realidad, Jesús no era igual que nosotros en todo. El hecho es que Jesús sufrió graves tentaciones.

También es un hecho que *el Señor se levantaba temprano en la mañana y se quedaba hasta entrada la noche para orar* y conocer la voluntad de su Padre. Es decir, pudo someter su propia voluntad a la de su Padre sometiéndose a una rigurosa disciplina.

En este artículo veremos cómo oraba Jesús y qué *fue lo que Él nos enseñó acerca de la oración*, a fin de descubrir cómo puede el tiempo que dedicamos al Señor llegar a ser fuente de sabiduría y fortaleza para nosotros, tal como lo fue para el Señor.

"Permanezcan en Mí, y Yo permaneceré en ustedes". Así como ninguna rama puede dar fruto por sí misma, sino que tiene que permanecer en la vid, así tampoco ustedes pueden dar fruto si no permanecen en Mí. Yo soy la vid y ustedes son las ramas. El que permanece en Mí, como Yo en él, dará mucho fruto; separados de Mí no pueden ustedes hacer nada. El que no permanece en Mí es

desechado y se seca, como las ramas que se recogen, se arrojan al fuego y se queman. Si permanecen en Mí y mis palabras permanecen en ustedes, pidan lo que quieran, y se les concederá."

(Juan 15:4-7)

Para los ojos del mundo, rendirse es considerado como una "humillación", como "perder". Rendirse es cuando alguien más poderoso hace que otro pierda en la batalla. Pero aquí está la ironía: Rendirse, en lo que trata con la jornada de la fe, es el comienzo de la vida cristiana victoriosa. Cuando nos damos cuenta de cuánto Dios nos ama y de cómo nos mostró ese amor por medio de lo que Cristo hizo, quien murió literalmente en la cruz en nuestro lugar, pagó la sentencia por todos nuestros pecados (pasados, presentes y futuros) y luego resucitó de entre los muertos; Cuando entendemos que somos culpables de nuestra pecaminosidad, de nuestra auto-suficiencia de sentir que nuestra manera es realmente la mejor, nos hacemos culpables del hecho de que queremos permanecer en control de nuestras vidas versus permitir que Dios esté a cargo de ellas.

Es en ese momento que finalmente llegamos al punto de rendimiento —de rendir nuestras vidas a nuestro Señor, entregándole a Él todo lo que tenemos, todos nuestros deseos, todas nuestras metas, todos nuestros sueños, todas nuestras prioridades, todas nuestras posesiones—sometiendo nuestra vida a Cristo. La vida victoriosa comienza con el rendimiento o sometimiento a Cristo.

Ahora bien, una vez nos rendimos en fe, Él nos llama a rendirnos diariamente al permanecer en Cristo. ¿Qué quiere decir esto de "permanecer"? Permanecer quiere decir "perdurar". Significa "permanecer cerca de". Es una decisión de nuestra voluntad de permanecer cerca de Cristo. ¿Cómo hacemos eso? En primer lugar, hacemos eso al leer la Palabra de Dios, la Biblia. Si eres creyente, el Espíritu Santo nos enseña a cómo aplicar la Palabra de Dios a nuestro diario vivir. Él nos da ese "anhelo" interno de poner en práctica la Palabra de Dios. Luego comenzamos a descubrir el secreto para la oración poderoso. Dios nos guía a orar por las cosas que debemos orar, en vez de orar por cosas que queremos. El libro de Santiago 4:3 dice, "Y *cuando piden, no reciben porque piden con malas intenciones, para satisfacer sus propias pasiones".*

Una vida de oración poderosa comienza con nuestro rendimiento o sumisión a Dios. Ella continúa cuando permanecemos en Él. Aprendemos más acerca de cómo permanecer en Él cuando estudiamos la Palabra de Dios, cuando la obedecemos y cuando oramos por su voluntad. Y eso, mis amigos, le da poder a nuestras vidas de oración.

La base de la unión con Dios es la oración.

En la Última Cena, Jesús les explicó a sus discípulos qué significaba que Él y su Padre fueran uno:

"Las cosas que les digo, no las digo por mi propia cuenta. El Padre, que vive en Mí, es el que hace sus propias obras. Créanme que Yo estoy en el Padre y el Padre está en Mí; si no, crean al menos por las obras mismas" (Juan 14,10-11).

DIOS RESPONDE LA ORACIÓN

A veces parece que Dios no responde tus oraciones, ¿cierto?
Pero la buena noticia es que Dios sí responde siempre tu oración para un sí o para un no, debe tener en cuenta que el Señor va a responder según su voluntad y nosotros como hijos debemos aprender a aceptar, a continuación te estaremos dando 12 herramientas que necesitas tomar en cuenta en momentos de orar. Algunas de ellas tal vez expliquen por qué parece que Dios no te responde tus oraciones:

1. Necesitas leer su Palabra.
La oración es hablar con Dios, cierto, pero Él nos responde y habla directamente por medio de su Palabra. Si buscas respuestas y consejos, allí vas a hallar todo eso...
Descubrirás también, que "Jesús no vino sólo a darnos respuestas, sino a ser la respuesta.
Además, la fe viene por el oír la Palabra de Dios
(Romanos 10:17).

La Biblia es la fuente de fe que necesitamos todos los días.

2. Necesitas ser más específico cuando oras.

A veces oramos de forma muy general por muchos asuntos, y por eso no vemos una respuesta precisa por parte de Dios a nuestras oraciones, a pesar de que Él las responda y esas respuestas estén frente a nuestras caras.
Deberíamos ser más específicos en nuestras peticiones a Dios. Así cuando la respuesta de Dios está ante nosotros, veremos de forma mucho más clara cómo Él sí responde nuestras oraciones.
.

3. Busca orar de una forma bíblica.

Aprende a orar. Cuanto más entendemos lo que dice la Biblia sobre Dios y sobre la oración, mejor oraremos, y durante la oración correcta y que agrada realmente a Dios, nuestros corazones son cambiados para entender mejor cómo obra Dios en nosotros y a nuestro alrededor.

Si hay algo peor que no orar, es orar de una forma "incorrecta". Si buscamos orar de forma bíblica, no es para que Dios nos recompense escuchándonos (no merecemos nada de lo que Él nos da). Si buscamos aprender orar bien es porque queremos que nuestra fe crezca como Dios quiere y porque queremos conocer a Dios cada día más.

Tener un buen entendimiento creciente de Dios, de nosotros y de la oración, nos hará esperar las respuestas de Dios como Él quiere que lo hagamos: Con gozo y con fe. Nadie es un experto en oración, pero todo cristiano busca orar cada día mejor (Dios es paciente y amoroso con nosotros mientras aprendemos a orar, y nos escucha a pesar de que a veces nos equivoquemos).

4. ¿Estás viendo las cosas como Dios las ve?
La madurez espiritual no consiste en la capacidad para ver lo que es extraordinario (precisamente, porque lo extraordinario es muy visible), sino en aprender a ver todas las cosas como Dios las ve.
¡Tal vez Dios está contestando tus oraciones y tus ojos están cerrados y no lo puedes ver! Ora a Dios para que te enseñe a ver las cosas como Él las ve.

5. Se paciente y persevera.
"Sólo porque aún no veas la respuesta a tu oración no significa que Dios te ignora".
Dios puede responder muchas de tus oraciones en el mismo momento en que las

haces. Sin embargo, muchas veces Él quiere que esperemos para que durante la espera lo conozcamos más (Ser paciente y perseverantes en la fe es parte de orar). Sólo porque aún no veas la respuesta a tu oración no significa que Dios te ignora.

Algo importante que también necesitamos saber: Tal vez varias de tus oraciones serán respondidas cuando Jesús regrese. Piénsalo. Es por eso que nuestras oraciones son usadas por Dios para incrementar en nosotros un anhelo por el cumplimiento de su voluntad.

6. Examina tus oraciones y tu corazón.
¿Por qué pides lo que pides? ¿Cómo está tu corazón? ¿Qué es lo que más anhelas? Recuerda que Dios nunca concederá una petición que esté fuera de su voluntad ya revelada (Juan 15:7), y que no provenga de un corazón realmente arrepentido y que ame a Dios cada día más.

(Juan 9:31) afirma que Dios no escucha a pecadores, (Salmos 109:7) sugiere que las oraciones de quienes no son hijos de Dios son pecado y (Proverbios 28:9) dice que la oración del desobediente es una abominación a Dios. (El Salmo 66) tiene mucho qué decir sobre eso.

En contraste, la Palabra afirma en (Proverbios 15:29) que Dios escucha a los justos, y en

(Santiago 5:16) que la oración del justo puede mucho.

La Biblia dice: "Deléitate en el Señor y Él concederá los deseos de tu corazón" (Salmos 37:4). Y es que cuando nos deleitamos en Él, deseamos lo que Él desea. Por eso el salmista dice: "Examíname, oh Dios, y conoce mi corazón; Pruébame y conoce mis pensamientos; Y ve si hay en mí camino de perversidad, Y guíame en el camino eterno". (Salmos 139:23-24).

7. Renuncia a toda idea falsa.

Un dios imaginario jamás responderá oraciones aunque a veces alguna gente crea que sí (Jeremías 44:16-19). En cambio, el Dios único y verdadero sí escucha nuestras oraciones.

Digo esto porque en el pasado he escuchado a algunas personas orar, y cuando las escucho, inmediatamente me doy cuenta de que no creen en el Dios de la Biblia (es asombroso lo mucho que puedes conocer sobre la teología de alguien al escuchar a esa persona orar).

No estoy diciendo que este sea tu caso, pero siempre es bueno tener presente quién es realmente Dios cuando oramos y esperamos. Es importante examinarnos (2 Corintios 13:5).

Cuando sabemos quién es Dios, nuestro orgullo es aplastado y buscamos orar conforme a su voluntad y reconociéndolo como realmente es ¡Y esas oraciones SIEMPRE son respondidas para la Gloria a Dios! También confesamos nuestros pecados en oración, lo cual es algo muy importante cuando oramos (1 Juan 1:9).

"Nunca debemos orar como si Dios nos debiera algo"
Así que busca conocer cada día más a Dios y cómo Jesús te salvó, y que tu vida (y tus oraciones, y sus respuestas) esten edificadas en la verdad. Nunca debemos orar como si Dios nos debiera algo, como si el poder está en nuestra fe (y no en quien está puesta la fe), como si Dios necesitara nuestro permiso, como si Dios no fuese omnipotente.
Dios es quien produce en nosotros el querer y el hacer (Filipenses 2:13)... y esto abarca nuestras oraciones y el motivo de ellas.
Cuando abrazamos la verdad, tenemos gozo en Dios durante la espera a la respuesta de nuestras oraciones.

8. No permitas estorbos en tus oraciones.
La importancia de confesar nuestros pecados cuando oramos, ya que de otra forma Dios no nos escucha porque Él no escucha a los altivos (Santiago 4:6).

Otras razones por las que Dios no escucha nuestras oraciones, es cuando no estamos bien con nuestra esposa.
(Si estamos casados) como es debido (1 Pedro 3:7), o cuando tenemos un conflicto con alguien que no hemos resuelto o tratado de resolver en amor y conforme a la voluntad de Dios (Mateo 5:23-24).
Si no quitamos estos estorbos (yo los llamo así) antes de orar no nos hará merecedores de que Dios responda nuestras oraciones.

9. Confía en que Dios responde a tus oraciones

En (Efesios 3:20) leemos que Dios "es poderoso para hacer todas las cosas mucho más abundantemente de lo que pedimos o entendemos, según el poder que actúa en nosotros..."
"Cuando oramos, Dios nunca nos deja en "visto".

¿Qué significa esto? Que si realmente has orado a Dios, Él ya escuchó tu oración y la responde de una forma mejor que como tú crees (aunque no puedas ver aún cómo es esa respuesta). Cuando oramos, Dios nunca nos deja en "visto".
(1 Juan 5:14-15) "Y estamos seguros de que Él nos oye cada vez que le pedimos algo que le agrada"; y como sabemos que él nos

escucha cuando le hacemos nuestras peticiones, también sabemos que nos dará lo que le pedimos.

10. Antes de que oraras, Dios ya sabía que orarías

Aprendí algo que es muy bíblico: Dios causa oraciones en los corazones de sus hijos que Él planeó desde antes de la fundación del mundo que fuesen oradas y respondidas (Efesios 1 y 2 habla mucho sobre eso).

En momentos que parece que Dios no nos responde, es sumamente importante saber esto. De hecho, a veces creo que esta verdad tal vez debería darnos más gozo que una respuesta a cualquier oración que podamos hacer. Dios realmente nos ama.

11. Aprende que algunos de los regalos más maravillosos que Dios nos da, son oraciones no respondidas.

(O al menos no respondidas de la forma en que esperábamos).

Alguien dijo una vez: "Si Dios hubiera contestado todas las oraciones tontas que he hecho en mi vida, ¿dónde estaría yo ahora?"

Los momentos de espera son para que conozcamos más a Dios.

En tiempos en que parece que Dios no nos responde, solemos actuar como si Él no hubiese hecho suficiente por nosotros. En vez de hacer eso, confiemos realmente en Él y seamos abrumados por Su grandeza. Seamos agradecidos. Es difícil serlo, lo sé, pero con Dios todo lo bueno es posible.

12. Recuerda que Dios sigue obrando en tu vida.

Sólo porque parece que Dios no responde una petición que haces, no significa que Él se olvidó de ti. De hecho, Él terminará lo que empezó en ti (Filipenses 1:6).

Aunque a veces oremos mal aunque esa no sea nuestra intención, y aunque a veces pareciera que Dios nos dejó solos, si somos hijos de Dios, el Espíritu Santo siempre ora por nosotros conforme a la voluntad de Dios, y Él hace que todo nos ayude a bien a fin de que seamos conformados a la imagen de Jesús (Romanos 8:26-29).

LA ORACIÓN DE MADRUGADA

*L*a madrugada puede ser un buen horario para concentrarse más en la oración. El período suele tener menos distracciones e interrupciones y siempre es bueno tener un tiempo en el que toda su atención esté dirigida a Dios. "La Biblia no destaca buscar a Dios de madrugada como una regla o una obligación religiosa, en realidad todos los días son el día y todos los momentos son el momento para buscar a Dios. La cronología de Dios no es como la nuestra y Él no duerme, sin embargo, esa era una costumbre del Señor Jesús, Él se separaba de los discípulos y del pueblo y buscaba al Altísimo por las madrugadas.

"Levantándose muy de mañana, cuando todavía estaba oscuro, salió, y se fue a un lugar solitario, y allí oraba." (Marcos 1:35). "Creo que la búsqueda de madrugada se torna diferente, es un factor que despierta la fe debido al sacrificio de renunciar al momento especial de descanso del cuerpo. Yo, particularmente, me identifico mucho con la búsqueda de madrugada, por esa razón hago muchas de mis oraciones en el templo a las 4:00 am.

Mi pastor Miguel Sánchez siempre dice; que hay un secreto en orar por la madrugada, y yo lo creo, no simplemente porque el pastor lo dice; sino porque lo he vivido, el pastor Juan Carlos Harrigan escribió en su libro "El poder que tiene Orar de Madrugada".

Nadie ha alentado más la oración que Jesús. Los seguidores de Cristo recibieron tanto el aliento como la enseñanza para orar. Veían constantemente el ejemplo que Él daba en la oración, y notaron la relación directa entre el Ministerio excepcional de Jesús y su devota vida de oración.

Jesús consideraba que la oración era más importante que la comida, porque la Biblia dice que horas antes del desayuno, "muy de madrugada, cuando todavía estaba oscuro, Jesús se levantó, salió de la casa y se fue a un lugar solitario, donde se puso a orar" (Marcos 1:35).

Para el Hijo de Dios, la oración era más importante que reunir grandes multitudes. La Biblia dice: "Sin embargo, la fama de Jesús se extendía cada vez más, de modo que acudían a Él multitudes para oírlo y para que los sanara de sus enfermedades. Él, por su parte, solía retirarse a lugares solitarios para orar" (Lucas 5:15-16).

Las preciosas horas de comunión con su Padre Celestial significaban mucho más para nuestro Señor que el sueño, porque la Biblia dice: "Por aquel tiempo se fue Jesús a la montaña a orar, y pasó toda la noche en oración a Dios" (Lucas 6:12).
Oró en funerales, y los muertos resucitaron. Oró por cinco panes y dos peces, y una multitud fue alimentada. Oró: "No se cumpla mi voluntad, sino la tuya", y se abrió un camino para que los hombres y mujeres pecadores pudieran acceder a un Dios Santo.

Es importante que lo primero que escuches en la mañana sea la voz de Dios. Como lo dice David en el (Salmo 63)
Dios, Dios mío eres tú;
De madrugada te buscaré;
Mi alma tiene sed de ti, mi carne te anhela,
En tierra seca y árida donde no hay aguas,
Para ver tu poder y tu gloria,
Así como te he mirado en el santuario.
Porque mejor es tu misericordia que la vida;
Mis labios te alabarán.
Así te bendeciré en mi vida;
En tu nombre alzaré mis manos.

Como de meollo y de grosura será saciada mi
alma,
Y con labios de júbilo te alabará mi boca,
Cuando me acuerde de ti en mi lecho,
Cuando medite en ti en las vigilias de la
noche.
Porque has sido mi socorro,
Y así en la sombra de tus alas me regocijaré.
Está mi alma apegada a ti; Tu diestra me ha
sostenido. Pero los que para destrucción
buscaron mi alma.

Caerán en los sitios bajos de la tierra.
Los destruirán a filo de espada;
Serán porción de los chacales.
Pero el rey se alegrará en Dios;
Será alabado cualquiera que jura por él;
Porque la boca de los que hablan mentira
será cerrada.

No importa el desierto en el que estemos,
debemos permanecer en constante búsqueda
de Dios, para así convertirnos en personas
conforme a su corazón. La búsqueda y la
conexión temprana con Dios, te va a proveer
energía física, salud y sanidad. No podemos
buscar sólo a Dios cuando sentimos que todo
está bien, así que si no vemos la paz
inmediatamente, al poner a Dios primero todo
estará en orden.

No te conformes con ver el poder y la gloria de Dios a tu alrededor, demanda que ese poder y gloria se manifieste en tu vida y en tus dificultades. Tú representas todo aquello de lo cual te has rodeado, así que llénate de Dios, de su amor y su gloria para que sea una representación de su poder en tu vida, tu familia o en tu nación.

Empieza el día alabando a Dios, levanta tus manos y adórale, deja toda ira, tristeza o amargura que no te deja bendecir a Dios. Comienza bien tu mañana para que termines tu día también en bendición. La búsqueda al amanecer puede prevenir los ataques de los enemigos. No importan las adversidades que envíen los demonios para destruirte, Dios te va a proteger de tus enemigos.

Es realmente provechoso apartar nuestras madrugadas para hablar con Dios qué tan bueno es levantarse muy de mañana y orar nunca me cansaré de decirlo, la oración es lo más importante en la vida de todos los hijos de Dios.

La Iglesia hoy, como siempre, sufre muchas aflicciones de origen interno y grandes persecuciones del mundo. Desde los comienzos, ha sido consciente en la fe de que su lucha no era simplemente "contra la carne y la sangre", sino "contra los espíritus del mal". Por eso, su principal arma en este combate ha sido siempre la oración (Ef. 6,10-18).

En esta obra se recuerdan las formas que en la historia de la Iglesia han ido tomando estas oraciones comunitarias en tiempos de aflicción.

En un mundo pagano y politeísta, que no sólo despreciaba la oración como absurda e inútil, sino que además la había ahogado y profanado, reduciendo la religión a un conjunto de ritos sangrientos y obscenos.

Jesús nació en un pueblo que sabía orar, que había sido enseñado para ello por el mismo Dios. La oración es sin duda lo más puro y noble del Judaísmo, y sabemos que Jesús nació y fue educado en el seno de una familia judía piadosa, que guardaba con todo amor y fidelidad las normas religiosas dadas por Yahvé.

Disponemos de datos bastante seguros y numerosos para conocer las prácticas judías de la oración en tiempos de Jesús. La documentación más completa nos la ofrece la Mishná, código rabínico compilado hacia el año 200 de la era cristiana. En el tratado de las bendiciones, concretamente, se enseña que hay tres momentos de plegaria u oración al día: el amanecer, el mediodía y la tarde.

De estas tres horas, dos se producían al mismo tiempo que los sacrificios llamados perpetuos, que todos los días se ofrecían en el templo (Núm. 28,2-8). Mientras los sacerdotes, ante la asamblea asistente, oficiaban en Jerusalén el rito sagrado, todos los judíos piadosos se unían a Él por la oración desde el lugar en que se hallasen. Así se asociaban la oración y el sacrificio litúrgico. Así la oración quedaba unida al sacrificio, participando de él y, al mismo tiempo, dándole espíritu y sentido. «Tres veces al día» (Dan 6,10), «por la tarde, en la mañana y al mediodía» (Sal 54,18), se levantaban en Israel los corazones hacia el Señor, bendiciéndole e invocándole.

**ORACIÓN
INTERCESORA**

*L*a oración intercesora es el acto de orar en favor de otros. El papel del mediador en la oración era común en el Antiguo Testamento (como con Abraham, Moisés, David, Samuel, Ezequías, Elías, Jeremías, Ezequiel y Daniel). Pero Cristo es señalado en el Nuevo Testamento como el intercesor fundamental: y es por ello que toda la oración cristiana se convierte en intercesora, puesto que es ofrecida a Dios por y a través de Cristo.

Jesús cerró la brecha entre Dios y nosotros, cuando Él murió en la cruz. Él fue el más grande mediador (intercesor) que haya existido. Por esta causa, ahora podemos interceder en oración a favor de otros cristianos, o por los perdidos, pidiendo a Dios que les conceda arrepentirse de acuerdo a su voluntad. "Porque hay un solo Dios, y un solo mediador entre Dios y los hombres, Jesucristo

Hombre (1timoteo 2:5).

¿Quién es el que condenará?, Cristo es el que murió; más aún, el que también resucitó, el que además está a la diestra de Dios; el que también intercede por nosotros (Romanos 8:34).

Un maravilloso modelo de oración intercesora se encuentra en Daniel mientras oraba por su pueblo, quien se había alejado de Dios. Tiene todos los elementos de una verdadera oración intercesora. Es en respuesta a la Palabra caracterizada por el fervor y la auto negación identificándose sin egoísmo con el pueblo de Dios e intensificada por la confesión dependiente del carácter de Dios teniendo como meta la gloria de Dios.

Como Daniel, los cristianos debemos venir ante Dios intercediendo por otros con un corazón contrito y una actitud de arrepentimiento, reconociendo nuestra propia insignificancia y con el sentido de auto negación. Daniel no fue y dijo, "Tengo el derecho de demandar esto de ti, Dios, porque yo soy uno de tus especialmente elegidos intercesores". Él fue y dijo, "Soy un pecador", y en efecto, él dice, "No tengo el derecho de demandar nada".

La verdadera oración intercesora, busca no sólo conocer la voluntad de Dios y ver que se cumpla, sino verla cumplida, sin importar si nos beneficia y sin importar lo que nos cueste. Se busca la gloria de Dios, no la nuestra.

A continuación quiero dejarte, una lista parcial de aquellos por quienes debemos ofrecer oraciones intercesoras:

Será una guía en tu tiempo de oración con Dios

Quiero que la ponga en práctica esta Guía; sé que será de mucha bendición.

Debemos hacer oración de intercesión por;

1-Todos los que están en autoridad (1Timoteo 2:2)

2- Ministros (Filipenses 1:19)

3- La iglesia (Salmos 122:6)

4- Amigos (Job 42:8)

5- Compatriotas (Romanos 10:1)

6- Los enfermos (Santiago 5:14)

7- Enemigos (Jeremías 29; 7)

8- Por quienes nos persiguen (Mateo 5:44)

9- Aquellos que nos abandonan (2 Timoteo 4:16)

10-Y por todos los hombres (1 Timoteo 2:1)

Muchas veces tenemos una idea errónea en el cristianismo contemporáneo, de que aquellos que hacen oraciones intercesoras por otros, son una clase especial de súper cristianos, llamados por Dios para un Ministerio de Intercesión.

La Biblia es clara en que todos los cristianos son llamados a ser intercesores. Todos los cristianos tenemos al Espíritu Santo en nuestros corazones, y, así como Él intercede por nosotros de acuerdo con la voluntad de Dios, nosotros debemos interceder unos por otros.

Esto no es un privilegio limitado a una exclusiva élite de cristianos; este es un mandato para todos. De hecho, el no ofrecer intercesión por otros, es pecado. "Así que, lejos sea de mí que peque yo contra Jehová cesando de rogar por vosotros." (1 Samuel 12:23).

Ciertamente, cuando Pedro y Pablo les pedían a otros que intercedieran por ellos, no limitaban su petición a aquellos con un llamado especial a la intercesión. "Así que Pedro estaba custodiado en la cárcel; pero la iglesia hacía sin cesar oración a Dios por él". (Hechos 12:5).

Nótese que era toda la iglesia la que oraba por él, no sólo aquellos con el don de la intercesión. El Apóstol Pablo exhorta a los creyentes efesios –a todos ellos— sobre los fundamentos de la vida cristiana. "Sobre todo, tomad el escudo de la fe, conque podáis apagar todos los dardos de fuego del maligno. Y tomad el yelmo de la salvación, y la espada del Espíritu, que es la Palabra de Dios, orando en todo tiempo con toda oración y súplica en el Espíritu, y velando en ello con toda perseverancia y súplica por todos los santos".

Más aún, Pablo solicitó a los creyentes en Roma que oraran por él: "Pero os ruego, hermanos, por nuestro Señor Jesucristo y por el amor del Espíritu, que me ayudéis, orando por mí a Dios (Romanos 15:30).

Él también urgía a los colosenses a interceder por Él: "Perseverad en la oración, velando en ella con acción de gracias; orando también al mismo tiempo por nosotros, para que el Señor nos abra puerta para la Palabra, a fin de dar a conocer el misterio de Cristo, por el cual también estoy preso". (Colosenses 4:2-3).

En ninguna parte, en ninguna petición bíblica de intercesión, hay alguna indicación de que sólo cierto grupo de gente pudiera interceder. Por el contrario, aquellos que buscan a otros para interceder por ellos, pueden usar toda la ayuda que puedan conseguir. La idea de que la intercesión es el privilegio y llamado de sólo algunos cristianos, carece de base bíblica. Peor aún, es una idea destructiva que con frecuencia conduce al orgullo, a un sentido de elitismo, y al gnosticismo.

Qué maravilloso y exaltado privilegio tenemos en ser capaces de venir audazmente ante el trono del Dios Todopoderoso con nuestras oraciones y peticiones. ¡Alabado sea Él, por su increíble misericordia y amor!

ORACIÓN CON PERSEVERANCIA

*E*s importante perseverar en la oración, pues al hacerlo, demostramos fidelidad a Dios y Él probablemente nos puede conceder lo que pedimos.

La perseverante y constante oración es muy importante en nuestra relación con el Padre, porque con ella demostramos dependencia y fidelidad a Dios algo que Dios quiere de nosotros.

Recordemos que la oración es nuestra conexión con Dios, y es la que mantiene viva nuestra relación con el Creador porque la activa, la nutre y la mantiene fresca siempre. Durante la vida de Jesús la Biblia narra cómo Él perseveraba en la oración día y noche, (Lucas 5:16, 6:12, Mateo 14:23).

Jesús era muy persistente en la oración, no solamente porque era la forma de comunicarse con el Padre sino para darnos ejemplo de cómo debía ser una sana relación con Dios. Pero además la perseverancia en la oración hace que Dios muy probablemente conceda nuestras peticiones si son de su Voluntad.

En el Evangelio de Lucas 18:1-8 dice así: "También les refirió Jesús una parábola sobre la necesidad de orar siempre, y no desmayar, diciendo: Había en una ciudad un juez, que ni temía a Dios, ni respetaba a hombre. Había también en aquella ciudad una viuda, la cual venía a él, diciendo: Hazme justicia de mi adversario. Y él no quiso por algún tiempo; pero después de esto dijo dentro de sí: Aunque ni temo a Dios, ni tengo respeto a hombre, sin embargo, porque esta viuda me es molesta, le haré justicia, no sea que viniendo de continuo, me agote la paciencia. Y dijo el Señor: Oíd lo que dijo el juez injusto. ¿Y acaso Dios no hará justicia a sus escogidos, que claman a él día y noche? ¿Se tardará en responderles? Os digo que pronto les hará justicia".

Creo fielmente que este ejemplo es lo suficientemente claro como para demostrar la importancia de perseverar en la oración, sobre todo en estos tiempos tan difíciles y desafiantes, en los que impera la maldad.

Esto indica que no luchamos contra el ladrón, el violador o el asesino, luchamos contra el diablo que utiliza al hombre dañando su corazón y convirtiéndolo en ladrón, violador y asesino, y utilizándolo para hacer el mal al prójimo. Amigo lector quiero decirles que el diablo nunca descansa y su papel es robar, matar y destruir y sólo con el poder de Dios activado a través de nuestra oración perseverante podemos vencerlo.

Perseverar en la oración.
Debemos persistir en la oración por nuestros hijos, para que el Señor los proteja siempre. Debemos insistir pidiendo a Dios por sabiduría para que actuemos siempre bajo sus principios, por nuestros gobernantes para que gobiernen con justicia y equidad y aún orar para que el Señor toque los corazones de la gente para que se arrepientan y se vuelvan a Dios.

El mundo está lleno de iglesias que crecen y crecen en número dentro de sus muros, pero cuyos miembros no crecen espiritualmente para impactar al mundo fuera de ellos. Si los cristianos quienes somos los representantes de Cristo aquí en la tierra no oramos con persistencia por todas estas cosas, jamás veremos cambios significativos en nuestra sociedad.

Es algo muy reconfortante y que nos causa muchísima alegría el que Dios conteste instantáneamente algunas de nuestras oraciones; yo lo sé porque me ha pasado así en muchas ocasiones, en dichos momentos mi corazón se llenó de una tremenda alegría pues lo consideraba como una prueba de que mi Dios es real y me ayuda en lo que necesito; pero no es igual cuando uno ora y no pasa nada, continúa orando un día más y aún no pasa nada, extiende su oración por una semana y tampoco pasa nada; hasta que llega el momento en que empieza a sentirse frustrado y ya no quiere orar más.

Sin embargo la Biblia nos manda a orar de manera constante por las cosas que deseamos, pues algunas cosas que queremos Dios nos la dará pero en el momento que realmente las necesitemos.

"Orando en todo tiempo con toda oración y súplica en el Espíritu, y velando en ello con toda perseverancia y súplica por todos los santos" (Efesios 6:18).

Hasta cuándo, oh Jehová, clamaré, y no oirás; y daré voces a ti a causa de la violencia, y no salvarás?" (Habacuc 1:2). Este pasaje nos expresa la situación de desesperación en la que se encontraba el profeta Habacuc, quien estaba orando por su nación la cual estaba envuelta en muchos problemas políticos y de violencia que su nación estaba atravesando en aquellos años (del mismo modo como sucede con nuestros países en estos tiempos, pues estos están llenos de violencia, corrupción, robos, asesinatos, etc.).

Algo que tenemos que saber los cristianos es que "el hecho de que Dios no conteste algunas de nuestras oraciones no es un motivo para dejar de orar; sino es un incentivo para orar más y con una mayor convicción de que Dios hará".

Mirad entre las naciones, y ved, y asombraos; porque haré una obra en vuestros días, que aun cuando se os contare, no la creeréis" (Habacuc 1:5).

Cuando el profeta Habacuc ya se encontraba un poco desesperado a causa de que Dios no respondía su oración; fue cuando Dios le dio una Palabra Profética, la cual le dio ánimo para seguir orando y clamando.

Asimismo, Dios no permitirá que te desanimes y dejes de orar, sino que te traerá una palabra que incremente tu fe y tu esperanza de que Dios obrará a tu favor. Por esta razón es muy necesario leer la Palabra conjuntamente con la oración, pues a través de la Palabra Dios te intentará hacer comprender que sí te está oyendo.

La respuesta de tu oración puede que tarde pero en su determinado momento llegará, pues Dios no es hombre para que mienta y si nos ha prometido algo tenemos que confiar en que sí lo cumplirá, pues si una persona se rinde por no haber encontrado la respuesta de parte de Dios que estaba buscando; pues simplemente se perderá de la gran bendición que Dios le estaba preparando.

Por todas estas cosas te animo a continuar orando y clamando, pues ciertamente tu bendición está a punto de llegar.

"Y Jehová me respondió, y dijo: Escribe la visión, y declárala en tablas, para que corra el que leyere en ella. Aunque la visión tardará aún por un tiempo, más se apresura hacia el fin, y no mentirá; aunque tardare, espéralo, porque sin duda vendrá, no tardará"
(Habacuc 2:2-3).

Tenemos que tener en cuenta siempre que aunque la respuesta de Dios a nosotros nos parezca que está tardando; mas no es así; pues nuestro Dios es un Dios perfecto y sabe el momento más adecuado y más preciso para responderte.

Nunca olvides que los planes de Dios son mucho mejores que los tuyos y que su voluntad siempre es de bien para nosotros; siendo justamente esta una de las razones por las que muchas veces no responde nuestras oraciones en el momento que las hacemos.

"No os conforméis a este siglo, sino transformaos por medio de la renovación de vuestro entendimiento, para que comprobéis cuál sea la buena voluntad de Dios, agradable y perfecta"
(Romanos 12:2).

Y aunque esto pueda sonar un poco difícil de creer es muy cierto; pues hay cosas que Dios no puede darnos en cierto momento por que posiblemente no estamos listos todavía para recibirlo.

Por ejemplo: Cuando un niño quiere comprarse una bicicleta y se la pide a su padre, su padre no se la comprará tan prontamente, sino que primero se asegurará de que el niño ya esté listo para usar esta bicicleta y cuando ya esté listo se la comprará; de manera que así pueda prevenirlo de tener alguna clase de accidente relacionado al uso de dicha bicicleta. Asimismo Dios, por más que queramos algo, no los dará hasta que nos encontremos preparados para recibirlo.

Y por último quiero decirte que la actitud que tomes, ya sea de continuar orando por algo o simplemente rendirte y molestarte con Dios porque no te respondió, te dará a conocer si estás viviendo con un corazón agradable delante de Dios o no.

Ya que aquel cuya alma no esté bien delante del Señor se enorgullecerá y dirá algo así: "Como es que Dios no me ha respondido, a pesar de que gasté mi tiempo orando, si Dios ni quiere escucharme" o sino "Orar es perder el tiempo porque Dios no sabe lo que necesitamos", etc.

Pero sólo los justos, los que tiene un corazón agradable delante de Dios continuarán creyendo en que Dios obrará y por ende seguirán orando y clamando esperando a que Dios les responda pues sólo los que tienen un corazón grato delante de Dios viven por fe.

Por tanto si tú te consideras un buen cristiano que cree y confía plenamente en el Señor;

pues demuéstralo orando y clamando de manera constante.

"He aquí que aquel cuya alma no es recta, se enorgullece; mas el justo por su fe vivirá" *(Habacuc 2:4).*

LA IGLESIA QUE NO ORA EL ENEMIGO LA DEBORA

*H*e sido Evangelista por casi 12 años y he estado involucrado en la iniciación o participando en muchas reuniones de oracion en iglesias locales y nacionales. Dios ha dejado muy claro que nuestra primera prioridad como cristiano, es pasar tiempo con Dios antes de ser enviados a al ministerio.

El apóstol Pablo también implora a todos los creyentes que oren, sin cesar

A pesar de todo esto, hay muchos ministerio denominacionales y no denominacionales que no tienen reuniones de oración regulares.

Consecuentemente, a pesar de los muchos buenos programas que puedan tener, hay una enorme brecha en la iglesia.

A continuacion quiero presentarles alguno problemas que tienen las iglesias que caareces de la oración:

Una iglesia sin oración demuestra que los

líderes están sin oración.

Las iglesias reflejan las prioridades y estilo de vida del fundador o visionario y su apoyo de liderazgo. Si el buscar el rostro de Dios es la máxima prioridad del pastor principal, entonces la oración congregacional colectiva y privada será la prioridad máxima en la iglesia.

Cuando tienes un pastor que ora muy poco (considero que una oración de cinco minutos por día es muy poco), entonces la iglesia será estructurada para operar con estrategias que carecerán de la ayuda y unción del Espíritu Santo. Cuando el apóstol Pedro se enfrentó con la decisión de tener un enfoque personal en suplir las necesidades humanas, escogió la oración (Hechos 6:4-6).

La pregunta es, ¿cómo podemos ser Sus testigos

y darlo a conocer, si no tenemos un conocimiento personal profundo de Él (Jesus)

Cuando una iglesia no ora, se pierden el día de su visitación con respecto a los momentos Kairos como Jesús lo dijo en Lucas 9:44.

La Oración cambia las cosas

Las iglesias y líderes que no esperan regularmente en la Oracion , se pierden lo que Dios tiene que decirles. Si no fuera por una reunión de oración colectiva involucrando a los líderes de la iglesia de Antioquía, nunca hubieran escuchado al Espíritu de Dios, comisionando a Pablo y Bernabé en sus misiones apostólicas (Hechos 13:1-2).

Hay una carencia de verdadera unidad.

El poder de la iglesia primitiva estaba en el hecho de que, experimentaban la unidad entre sus discípulos (Hechos 2:44, 4:32-33).

Hechos 1 muestra cómo los 120 discípulos oraron y esperaron en Dios, juntos, por 10 días en el aposento alto. Consecuentemente, el poder de Pentecostés no hubiera tenido lugar sin este periodo prolongado de oración, que resultó en la unidad (Lucas 24:49).

Jesús declaró enfáticamente que, el mundo no creería que Él fue enviado, si la iglesia no caminaba en unidad

(Juan 17:20-23).

La Palabra de Dios está repleta de historias de la intervención de Dios, como resultado de la intercesión. El profeta Ezequiel dijo que Dios tenía que destruir la tierra, debido a que nadie se ponía en la brecha (Ezequiel 22:30-31).

Aarón permaneció entre los vivos y los muertos con el incienso (un símbolo o tipo de oración, Sal. 141:2), y la plaga destruyendo a los judíos se detuvo. Hay muchas otras instancias de la intervención divina en el Antiguo Testamento, demasiado numerosas para mencionar aquí.

En el libro de Hechos, leemos muchas instancias de la intervención divina en respuesta a la oración.

La asamblea estaba llena de libertad para predicar; Dios envió el evangelio al centurión italiano (10:4-5); Pedro fue liberado de Prisión (12:5-12); y Dios envió a Pablo y Bernabé como apóstoles (13:1-2), por nombrar algunas instancias. Consecuentemente, una iglesia sin oración ferviente, será una iglesia que carece de la intervención divina.

La Palabra de Dios nos enseña a estar fortalecidos en el Señor y en Su poder (Efe. 6:10-13). Isaías 40:31 dice que, aquellos que esperan en el Señor, renovarán sus fuerzas. Sin la oración ferviente privada y colectiva, los miembros de la congregación, se desgastarán rápidamente y no serán capaces de sostener la obra del Reino.

Oseas nos enseña a perseverar en conocer al Señor (Os. 6:3) y que Su pueblo es destruido por falta de conocimiento (Os. 4:6). Sin meditar regularmente en las Escrituras, y sin la comunicación con Dios, el conocimiento de Sus caminos será superficial y resultará en muchos problemas innecesarios en la iglesia. Moisés conocía los caminos de Dios, pero los hijos rebeldes de Israel, sólo conocían Sus actos (Sal. 103:7).

Nunca he visto a una persona capaz de sostener un verdadero celo por el Señor, sin una vida de oración robusta. Consecuentemente, es imposible producir discípulos reales en la iglesia, sin una oración corporativa efectiva y consistente. Tampoco he visto nunca a una persona que se aleje del Señor, manteniendo una vida de oración devota. Cuando llegan nuevos creyentes a la iglesia, no pueden saber cómo orar con meros estudios de la Biblia sobre la oración;

tienen que participar en reuniones de oración, ya que "el espíritu de oración es tomado en lugar de enseñado."

Jesús dijo, "Velad y orad, para que no entréis en tentación; el espíritu a la verdad está dispuesto, pero la carne es débil" (Mat. 26:41).

Desafortunadamente, Pedro estaba durmiendo mientras Jesús estaba orando en el monte, lo que lo dejó sin preparación para la tentación, con respecto a su negación de Cristo. He encontrado que, muchas veces, en la oración corporativa, Dios nos pone carga para orar en contra de los planes del diablo, y hemos detenido muchos ataques.

Una iglesia sin oración, es un blanco fácil para el engaño y la tentación satánica.

Jesús dijo que edificaría Su iglesia (Mat. 16). Cuando una iglesia no ora, no le da a Jesús la oportunidad de dirigirla, lo que la lleva a depender de su propio ingenio para edificarla. Sin embargo, a menos que el Señor construya la casa, el trabajo es en vano (Sal. 127).

Finalmente, Pablo el apóstol, dijo que un componente clave de la armadura de Dios, es que los santos perseveren continuamente en oración, el uno por el otro (Efe. 6:18). Una iglesia sin oración tiene una enorme brecha en su armadura, dejándola desprotegida durante los tiempos de ataque.

SIN ORACION NO HAY
PODER

Ningún cristiano debe ignorar el gran poder que existe en la oración Ella ha sido creada para derribar al mayor de los gigantes. En la biblia hay cientos de ejemplos en los que Dios nos muestra el gran poder que emana de la oración del creyente. Algunos de los mas conocidos intercesores encontrados allí nos enseñan todo lo que podemos lograr si hacemos buen uso de ese poder.

Daniel nos muestra que cuando oramos cerramos las bocas de los leones.

Sadrac, Meshack y Abed-nego nos enseñan que cuando oramos ni siquiera la llama más caliente puede quemarnos.

Esther nos muestra que a través de la oración los hombres encuentran el favor de Dios y todos los falsos decretos, informes y planes quedan invalidados en el poderoso nombre de Jesús.

Pablo y Silas nos enseñan que cuando oramos se abren las puertas de la prisión. Escrito está: *"Si algo pidiereis en mi nombre, yo lo haré."*
Juan14:14.

No olvidemos que el Señor también dijo: "De cierto os digo que todo lo que atéis en la tierra, será atado en el cielo; y todo lo que desatéis en la tierra, será desatado en el cielo".
Mateo 28: 18.

El deseo de Dios es ver cristianos audaces, que crean que hay poder en la oración para darles lo que le pidan.

En *Jeremías 33:3* dice: *"Clama a mí, y yo te responderé, y te enseñaré cosas grandes y ocultas que tú no conoces".* Hermano créelo, la oración funciona.

Eliseo oró y un niño resucitó de entre los muertos:
"Entrando él entonces, cerró la puerta tras ambos, y oró a Jehová. Después subió y se tendió sobre el niño, poniendo su boca sobre la boca de él, y sus ojos sobre sus ojos, y sus manos sobre las manos suyas; así se tendió sobre él, y el cuerpo del niño entró en calor".
2 Reyes 4:33-34.

Abraham, el gran patriarca, padre de todos
los creyentes nos ofreció el primer ejemplo de
oración en el episodio de la intercesión por las
ciudades de Sodoma y Gomorra.
Elías oró y fuego descendió del cielo.
También oró y comenzó a llover.

El poder de la oración está articulada sobre
la fidelidad de Dios para llevar a cabo lo que
él ha prometido.

No importa cual sea tu condicion o
circunstancias en este momento, tu edad, ni
tu estado civil, ni por cuanto tiempo haz sido
creyente o si aun no lo eres. La realidad es
que todos necesitamos del Poder de Dios en
nuestra vida, todos hemos vivido momentos
en los que experimentamos que la vida no es
facil, ni color de rosa como algunos la han
querido describir, las tormentas de la vida, y
los tiempos dificiles, han llegado, y en la
mayoria de las ocasiones nos han encontrado
sin estar preparados.

En mi caminar con Dios he descubierto que
en esos momentos de tormenta, aun cuando
las señales nos han avisado que estos
tiempos venian, no estamos preparados para
recibirlos, nunca es un buen momento para
que se estacionen en nuestra vida. Es en

esos momentos cuando mas necesitamos del Poder de Dios obrando en nosotros, ahora se que Dios quiere calmar nuestras tormentas, aliviar nuestro dolor, y sanar nuestro corazon, pero nada de eso sucede al menos, no sin ORACIÓN.

El Poder de Dios se desata en nosotros a travez de la Oración. Sin embargo hoy en dia, con el estilo de vida que llevamos, donde todo parece que va tan de prisa, el tiempo se agota cada dia mas rapido, de lo que menos tenemos tiempo es de Orar.

A menudo cuando lo hacemos es porque estamos metidos en algun problema serio, que no podemos resolver por nosotros mismos, ya hemos agotado todas las posibilidades, usando los recursos a nuestra mano, y parece nada funciona, es cuando nos acercamos a Dios, pidiendo su intervencion. Dios siempre a estado ahi, esperando por nuestra Oracion, y nuestros pasos de Fe, para desatar la bendicion sobre nosotros.

Para todo hay tiempo menos para Leer la palabra de Dios y Orar, cuando nos acercamos a El, es para orar por algo o alguien mas que tiene que ver con nosotros pero no es algo en lo personal.

PORQUE ES TAN DIFICIL ORAR POR NOSOTROS MISMOS?

Como hombre , esposo, padre, siempre estamos dispuestas a orar por los demas, es algo natural en nosotros, oramos por nuestras esposas, hijos, amigos, trabajo, escuela, por los necesitados, el hambre la guerra alrededor del mundo, en fin podiamos hacer una lista grande de todas nuestras peticiones delante de Dios, pero a la hora de Orar por nosotras mismos, se torna mas dificil la oracion, que decir, cual necesidad?.

Es muy importante orar con una direccion, no se trata de hacer oraciones largas y tediosas, las oraciones mas efectivas son las que tienen un proposito claro!

Es importante saber que Dios quiere trabajar a travez de nosotros, para bendecir a otros, cuando nos disponemos a acercarnos a Dios y exponerle nuestras necesidades y el deseo de ser mejores cada dia, siendo sinceros y honestos con Dios, exponiendonos a ser usados como instrumento en sus manos,

El mejor que nadie nos conoce, no podemos ocultarle nada, conoce cuales son los deseos de nuestro corazon, nuestros sueños, frustaciones, angustias, dolor, que hay guardado ahi, muy dentro de nuestro corazon. A Dios le interesa restaurarte de adentro hacia afuera.

En ocasiones he escuchado decir, que a Dios le interesa nuestro interior, a Dios le interesa nuestro 100%, todo lo que somos, por dentro y por fuera, El nos creo, y nos conoce mucho mejor que nosotros mismos. Asi como le interesa nuestro corazon, le interesa nuestra actitud ante la vida, que refleja tu rostro, tu mirada, si hay una sonrisa en tu rostro, lo que sale de tu boca, son palabras de vida y esperanza o expresan tu dolor, tristeza y frustacion.

Pero El desea se lo digamos en Oracion, y permitamos que el nos limpie, perdone y restaure.

El es el unico que puede satisfacer nuestras necesidades, en ocasiones buscamos que nuestra pareja, hijos, familia, logros alcanzados, sean los que las satisfagan, asi nunca seremos felices!

Terminamos decepcionados de todos y de la vida misma, solo porque estamos buscando en el lugar equivocado.

Debemos aprender que lo que tanto buscamos y necesitamos solo viene de Dios.En el encontraremos el proposito para el cual existimos.

Solo podremos conocer el poder de Dios, si hemos recibido a Jesus como Salvador. Necesitas conocer el amor de Cristo, que excede a todo conocimiento, para que seais llenos de toda la plenitud de Dios. Efesios 3:19 Cuando tienes a Jesus gobernando tu vida, llegas a conocerlo como aquel que es poderoso para hacer todas las cosas mucho mas abundantemente de lo que pedimos o entendemos, segun el poder que actua en nosotros.

CONCLUSION

Después de haber escrito el presente libro, podemos concluir que vivir verdaderamente, es amar y orar es amar; y que la oración del corazón es la repetición amorosa de una frase de amor hacia a Dios

Jesús amo tanto a sus discípulos, los habia estado preparando para cuando se fuera de la tierra. Ahora, alza la vista al cielo y le ora a su Padre: "Glorifica a tu hijo para que tu hijo te glorifique a ti, así como le has dado autoridad sobre todas las personas para que él les dé vida eterna a todos los que le diste"

Jesús reconoce claramente que lo más importante es darle gloria a Dios. Pero también menciona que la humanidad tiene la maravillosa posibilidad de obtener vida eterna. Jesús ha recibido "autoridad sobre todas las personas", así que puede ofrecerles a todos los seres humanos los beneficios de su sacrificio. No obstante, solo unos cuantos los aprovecharán. ¿Por qué? Porque únicamente los recibirán quienes hagan lo que Jesús dice a continuación: "Esto significa vida eterna: que lleguen a conocerte a ti, el único Dios verdadero, y a quien tú enviaste, Jesucristo"

Así, quien quiera recibir vida eterna debe conocer muy bien tanto al Padre como al Hijo y desarrollar una estrecha amistad con ellos. Tiene que ver las cosas como ellos las ven. Además, debe esforzarse por copiar sus magníficas cualidades al tratar a los demás y reconocer que obtener la vida eterna no es tan importante como darle gloria a Dios. Jesús vuelve a hablar de este tema:

Yo te he glorificado en la tierra; he completado la obra que me encargaste. Así que ahora, Padre, glorifícame a tu lado con aquella gloria que yo tenía junto a ti antes de que el mundo existiera"

Jesús le está pidiendo a su Padre que lo resucite para recibir de nuevo la gloria que había tenido en el cielo.

Sin embargo, Jesús no ha olvidado lo que ha logrado en su ministerio. A continuación, dice: "Les he dado a conocer tu nombre a quienes me diste del mundo. Eran tuyos y me los diste, y han obedecido tus palabras.

Él ha ido más allá de pronunciar el nombre de Dios, Jehová, al predicar. También ha ayudado a sus apóstoles a llegar a conocer lo que ese nombre representa, es decir, las cualidades de Dios y su manera de tratar con los seres humanos.

Los apóstoles han llegado a conocer a Jehová, el papel de Jesús y las cosas que este les ha enseñado. Ahora, Jesús reconoce humildemente: "Les he dado el mensaje que me diste y ellos lo han aceptado y realmente han llegado a saber que vine como representante tuyo, y han creído que tú me enviaste.

Luego, Jesús reconoce que sus seguidores son diferentes del resto de las personas: "No pido por el mundo, sino por los que tú me has dado, porque son tuyos. Padre santo, cuídalos por causa de tu propio nombre —el que tú me diste— para que sean uno así como nosotros somos uno. Los he protegido, y ninguno de ellos ha sido destruido, excepto el hijo de destrucción". Se refiere a Judas Iscariote, que se ha ido para traicionarlo

Jesús continúa diciendo: "El mundo los ha odiado". Y luego añade: "No te pido que los saques del mundo, sino que los protejas del Maligno. Ellos no son parte del mundo, igual que yo no soy parte del mundo. Aunque los apóstoles y los demás discípulos están en el mundo —la sociedad humana controlada por Satanás—, deben mantenerse separados de ese mundo y de su maldad. ¿Cómo pueden lograrlo?

Manteniéndose santos, apartados para el servicio a Dios. Lo pueden conseguir poniendo en práctica las verdades que se encuentran en las Escrituras Hebreas y las que Jesús mismo les ha enseñado. Él le pide a su Padre: "Santifícalos por medio de la verdad; tu palabra es la verdad. Con el tiempo, y por inspiración de Dios, algunos apóstoles escribirán libros que llegarán a formar parte de "la verdad" que podrá santificar a las personas.

Pero también habrá otros que acepten "la verdad". Por eso Jesús dice: "No te pido solo por ellos los 11 apóstoles, sino también por los que pongan su fe en mí gracias a las palabras de ellos". ¿Y qué pide? "Que todos ellos sean uno. Tal como tú, Padre, estás en unión conmigo y yo estoy en unión contigo, que ellos también estén en unión con nosotros

Jesús y su Padre son la misma persona. Son uno en el sentido de que están de acuerdo en todo. Y él está orando para que sus seguidores disfruten de esa misma unidad.

Poco antes, Jesús les había dicho a Pedro y a los demás que se iba para prepararles un lugar en el cielo. Y ahora retoma esa idea al pedirle a su Padre: "Quiero que los que me diste estén conmigo donde yo esté para que vean la gloria que me has dado porque me amaste antes de la fundación del mundo.

Con esto confirma que, hace mucho tiempo, incluso antes de que Adán y Eva tuvieran hijos, Dios amó a su Hijo unigénito, quien llegó a ser Jesucristo.

En sus palabras finales, Jesús vuelve a destacar tanto el nombre de su Padre como el amor que Dios siente por los apóstoles y por quienes acepten "la verdad" en el futuro: "Les he dado a conocer tu nombre —afirma—, y seguiré dándolo a conocer, para que el amor con que tú me amaste esté en ellos y yo esté en unión con ellos.

ORACION

Señor hoy me acerco a ti, y te pido llenes mi vida de ese Poder y fortaleza que solo viene de ti, ya no quiero buscarlo en nada ni nadie mas, ayudame a conocerte mas y mejor cada dia de mi vida, quiero aprender a depender de ti en todo lo que soy y lo que hago, ayudame a ser la mejor persona que puedo ser, de adentro hacia afuera, Ve si hay en mi camino de perversidad, limpia mi corazon, perdona mis pecados y restaura mi vida, te lo pido en el Poderoso nombre de Cristo Jesus. Amen

ORACION PARA RECONCILIACION

¿Te gustaría orar para recibir el perdón de Dios?

No hay nada que podamos hacer para ganar la salvación; somos salvos por la gracia de Dios cuando tenemos fe en su Hijo Jesucristo. Sólo tienes que reconocer que eres pecador, que Cristo murió por nuestros pecados, y pedir, con una oración, Su perdón. Orar es simplemente hablar con Dios. Él te conoce y te ama. Lo más importante para Él es la actitud de tu corazón: la honestidad. Sugerimos hacer la siguiente oración

Para aceptar a Jesucristo como Salvador:

"Querido Señor Jesús,

Sé que soy un pecador. Te pido perdón y me aparto del pecado. Creo que moriste por mis pecados y resucitaste para darme una nueva vida. Te entrego el control de mi vida. Te invito a entrar en mi corazón y en mi vida. Confío en ti como mi Señor y Salvador por el resto de mi vida.

En tu nombre, Amén."

Si Hiciste está oración llamanos 973-573-4711

O escribenos a pastorfranklindiaz@gmail.com

Tambien puede aceder a nustras pagian

www.pastorfranklindiaz.com o

www.facebook.com/franklindiazministries

DIOS TE BENDIGA!!

NOTA

NOTA

NOTA

La Oración cambia las cosas

Made in the USA
Middletown, DE
02 September 2021